Christa Troll
Michaela Engelhardt

Textiles Gestalten in Bildern
Sticken

Materialien für Rechts- und Linkshänder

Auer Verlag

Gedruckt auf umweltbewusst gefertigtem, chlorfrei gebleichtem
und alterungsbeständigem Papier.

1. Auflage 2012
Nach den seit 2006 amtlich gültigen Regelungen der Rechtschreibung
© Auer Verlag
AAP Lehrerfachverlage GmbH, Donauwörth
Alle Rechte vorbehalten
Das Werk und seine Teile sind urheberrechtlich geschützt. Jede Nutzung in anderen als den gesetzlich
zugelassenen Fällen bedarf der vorherigen schriftlichen Einwilligung des Verlages. Hinweis zu § 52a UrhG:
Weder das Werk noch seine Teile dürfen ohne eine solche Einwilligung eingescannt und in ein Netzwerk
eingestellt werden. Dies gilt auch für Intranets von Schulen und sonstigen Bildungseinrichtungen.
Fotos: Friedrich Rieß, München
Umschlagfoto: Friedrich Rieß, München
Satz: krauß-verlagsservice, Augsburg
Druck und Bindung: Kessler Druck + Medien, Bobingen
ISBN 978-3-403-06905-8

www.auer-verlag.de

Inhaltsverzeichnis

1 Vorüberlegungen

- ▷ Aufbau der Bildkartei „Sticken für Anfänger" 5
- ▷ Begleitheft mit Kopiervorlagen 6
- ▷ Einsatzmöglichkeit der Bildkartei im Unterricht 7
- ▷ Aufbewahrung der Fotokarten 7
- ▷ Tipps zu Materialauswahl und Materialbeschaffung 8

2 Medien

- ▷ Wortkarten zu den Schritt-für-Schritt-Fotokarten 9

3 Einführung in das Sticken

- ▷ Den geeigneten Stickstoff auswählen (Gruppenarbeit) 11
- ▷ Die geeignete Nadel zum Sticken auswählen (Gruppenarbeit) 12
- ▷ Die Geschichte des Stickens (Arbeitsblatt) 13
- ▷ Wortsalat „Sticken" (Arbeitsblatt) 14

4 Das Einfädeln der Nadel

- ▷ Spiel „Die goldene Nadel" 15
- ▷ Einfädel-Puzzle 17

5 Der Vorstich

- ▷ Bewegungsspiel für Rechts- und Linkshänder 18
- ▷ Der Vorstich für Rechts- und Linkshänder (Einzel- oder Partnerarbeit) 18

6 Der stehende Stich

- ▷ Bewegungsspiel für Rechts- und Linkshänder 20
- ▷ Karten zum leichteren Einüben des stehenden Stichs 21
- ▷ Der stehende Stich für Rechts- und Linkshänder (Einzel- oder Partnerarbeit) 21

7 Der Schlingstich

- ▷ Die Verwendung des Schlingstichs (Einzel- oder Partnerarbeit) 23
- ▷ Der Schlingstich für Rechts- und Linkshänder (Einzel- oder Partnerarbeit) 23
- ▷ Fehlerverbesserung beim Schlingstich für Rechts- und Linkshänder (Einzel- oder Partnerarbeit) 24
- ▷ „Wir sticken den Schlingstich" für Rechtshänder (Arbeitsblatt) 25
- ▷ „Wir sticken den Schlingstich" für Linkshänder (Arbeitsblatt) 26

8 Der gebundene Steppstich

- ▷ Bewegungsspiel für Rechts- und Linkshänder.. 27
- ▷ Der gebundene Steppstich für Rechts- und Linkshänder (Einzel- oder Partnerarbeit) ... 27
- ▷ „Wir sticken den gebundenen Steppstich" für Rechtshänder (Arbeitsblatt)........... 29
- ▷ „Wir sticken den gebundenen Steppstich" für Linkshänder (Arbeitsblatt)............ 30

9 Das Handnähen

- ▷ Differenzierungsspiel „Der Knoten".. 31
- ▷ Knoten-Puzzle.. 32
- ▷ „Wir bilden einen Knoten" (Arbeitsblatt)... 33
- ▷ „Wir nähen von Hand mit dem Steppstich" (Arbeitsblatt).............................. 34

10 Der Zickzack-Stich

- ▷ Bewegungsspiel für Rechts- und Linkshänder.. 35
- ▷ Geschichte zum leichteren Einüben des Zickzack-Stichs................................. 36
- ▷ Der Zickzack-Stich für Rechts- und Linkshänder (Einzel- oder Partnerarbeit)......... 37
- ▷ „Wir sticken den Zickzack-Stich" für Rechtshänder (Arbeitsblatt)................... 39
- ▷ „Wir sticken den Zickzack-Stich" für Linkshänder (Arbeitsblatt)..................... 40

11 Der waagrechte Kreuzstich

- ▷ Bewegungsspiel für Rechts- und Linkshänder.. 41
- ▷ Geschichte zum leichteren Einüben des waagrechten Kreuzstichs................ 42
- ▷ Der waagrechte Kreuzstich für Rechts- und Linkshänder (Einzel- oder Partnerarbeit) ... 43
- ▷ Kreuzstich-Puzzle.. 45
- ▷ Das Kreuz des Kreuzstichs erfassen (Arbeitsblatt)... 46
- ▷ „Wir sticken den waagrechten Kreuzstich" für Rechtshänder (Arbeitsblatt)........... 47
- ▷ „Wir sticken den waagrechten Kreuzstich" für Linkshänder (Arbeitsblatt).............. 48

12 Der senkrechte Kreuzstich (= Sparstich)

- ▷ Bewegungsspiel für Rechts- und Linkshänder.. 49
- ▷ Der senkrechte Kreuzstich für Rechts- und Linkshänder (Einzel- oder Partnerarbeit) 50
- ▷ „Wir sticken den senkrechten Kreuzstich (= Sparstich)"
  für Rechtshänder (Arbeitsblatt)... 52
- ▷ „Wir sticken den senkrechten Kreuzstich (= Sparstich)"
  für Linkshänder (Arbeitsblatt).. 53

13 Der Zickzack-Kreuzstich

- ▷ „Wir sticken den Zickzack-Kreuzstich" für Rechtshänder (Arbeitsblatt)........... 54
- ▷ „Wir sticken den Zickzack-Kreuzstich" für Linkshänder (Arbeitsblatt)............. 55

1 Vorüberlegungen

Das Fach „Werken – Textiles Gestalten" gliedert sich in die beiden Bereiche „Textiles Gestalten" und „Werken". In der Rubrik „Textiles Gestalten" werden unter anderem alte Kulturtechniken erlernt, zu denen auch das Sticken gehört. Neben Material- und Werkzeugauswahl erhalten die Schüler Informationen zur Geschichte der jeweiligen Technik und erlernen, je nach Jahrgangsstufe, elementare Techniken des Stickens, wie zum Beispiel das Einfädeln der Nadel, das Bilden eines Knotens und einfache Stiche bis hin zu mehrteilig gebundenen Stichen. Die Schüler* erlernen die Stiche experimentell und können diese anschließend auf mehrere Werkstücke übertragen. Das Einschulen, aber auch die immer wiederkehrende Sicherung dieser fundamentalen Techniken, sind von großer Bedeutung. Mithilfe der Bildkarteien und dem dazugehörigen Begleitheft können Sie zusätzlich zum Realmedium (Material, Werkzeug) die Techniken schüler- und sachgemäß veranschaulichen.

Die einzelnen Arbeitsschritte werden auf Fotos visualisiert. Somit können Sie die Tätigkeiten in kleinen Schritten einführen und die Schüler bei der selbstständigen praktischen Umsetzung optimal unterstützen.

Aufbau der Bildkartei „Sticken für Anfänger"

Die Bildkartei Sticken für Anfänger beinhaltet 54 Kärtchen, die in 9 Rubriken (Materialkunde, Vorstich, stehender Stich, gebundener Steppstich, Schlingstich, Zickzack-Stich, waagrechter Kreuzstich, senkrechter Kreuzstich und Zickzack-Kreuzstich) unterteilt sind.

Zu jeder Rubrik gibt es zwei doppelseitig bedruckte Gruppenkarten (jeweils eine für Rechts- und eine für Linkshänder). Auf der Vorderseite der Karten ist das Stickbild abgebildet (Vorder- und Rückseite des Stichs). Auf der Rückseite der Karten erhalten Sie Information über den Stich (Steckbrief, einzelne Arbeitsschritte, wichtige Regeln).

Zur leichteren Sortierung sind die Karten zu einer Rubrik jeweils mit der gleichen Farbe hinterlegt.

Beispiel Arbeitsschritte „Der waagrechte Kreuzstich"

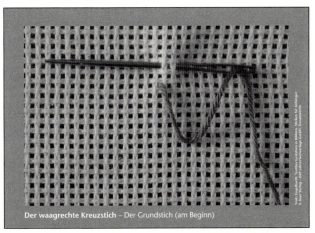
Der waagrechte Kreuzstich – Der Grundstich (am Beginn)

Der waagrechte Kreuzstich – Der Deckstich (am Beginn)

Der waagrechte Kreuzstich – Der Grundstich (innerhalb einer Reihe)

Der waagrechte Kreuzstich – Der Deckstich (innerhalb einer Reihe)

---

* Aufgrund der besseren Lesbarkeit werden in diesem Buch ausschließlich die männlichen Formen verwendet. Wenn von Schüler gesprochen wird, ist immer auch die Schülerin gemeint, ebenso verhält es sich mit Lehrer und Lehrerin.

Beispiel Gruppenkarte „Der waagrechte Kreuzstich"

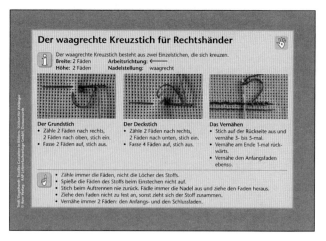

Auf der Vorderseite der Gruppenkarte ist das Stickbild des Stichs (von Vorder- und Rückseite) abgebildet.

Auf der Rückseite der Gruppenkarte sind die Arbeitsschritte in Wort und Bild sowie Merkregeln zur Technik dargestellt.

Die einzelnen Punkte auf der Rückseite der Gruppenkarten sind mit Symbolen versehen:

 Allgemeine Informationen, z. B. Beschreibung des Stichs (Stichbreite, Stichhöhe, Arbeitsrichtung, Nadelstellung)

 Lese- oder Kontrollaufträge

 Merkregeln zur Arbeitstechnik

 Materialien für Rechtshänder sind mit diesem Symbol gekennzeichnet.

 Schreibaufträge

 Materialien für Linkshänder sind mit diesem Symbol gekennzeichnet.

Begleitheft mit Kopiervorlagen

Das Begleitheft beinhaltet verschiedene Arbeitsblätter als Kopiervorlagen zu den Arbeitstechniken der einzelnen Stiche, Differenzierungsmaterialien, Spiele und Gruppenarbeiten. Damit werden die Grundtechniken systematisch eingeschult.
Bei den Stichen, die meist in der ersten und zweiten Jahrgangsstufe erlernt werden, z. B. Vorstich und stehender Stich, wurde auf Arbeitsblätter verzichtet.
Alle Arbeitsblätter beinhalten nach der Arbeitsanweisung sogenannte Textbausteine, z. B. 2 Fäden auf . Hiermit können die Schüler den Text oder die Merkregeln ergänzen. So können die Arbeitsblätter in mehreren Schularten und Leistungsstufen eingesetzt werden. Bei leistungsstarken Schülern können Sie die Textbausteine einfach ausschneiden oder beim Kopieren abdecken.
Außerdem finden Sie im Begleitheft sämtliche Arbeitsschritte zu den Bildkarten als Wortkarten, die vergrößert werden können, z. B.
1. Faden über die Nadel legen ,
2. Faden einfädeln ,
3. Faden durchziehen ,
die sie parallel zur Bildkarte verwenden können. Die Wortkarten können zur Begriffsbildung sowie zur Sicherung an der Tafel verwendet werden.
Zu jedem Stich gibt es weitere Medien, die das Einschulen erleichtern, z. B. Geschichten, ganzheitliche Bewegungsspiele, Differenzierungsaufgaben sowie Arbeitsblätter für Rechts- und Linkshänder.

Einsatzmöglichkeiten der Bildkartei im Unterricht

Erarbeiten von Arbeitstechniken

- *Gruppenkarte Vorderseite*
  (Einzelarbeit/Partnerarbeit/Gruppenarbeit)
  Die Schüler sehen das Stickbild des jeweiligen Stichs und können benennen, um welchen Stich es sich handelt (z. B. Schlingstich). Mithilfe der Gruppenkarte können sie einen Stich erlernen, ein Plakat, einen Steckbrief o. Ä. erstellen oder das Arbeitsblatt bearbeiten.
- *Gruppenkarte Rückseite*
  (Einzelarbeit/Partnerarbeit/Gruppenarbeit)
  Mithilfe der Arbeitsschritte auf der Rückseite lernen die Schüler, die Abfolge der Stiche zu erkennen und zu benennen. Weiterhin erhalten sie Informationen zum jeweiligen Stich und wichtige Merkregeln zur Arbeitstechnik.

Sicherung

- *Unmittelbar nach dem Erlernen der Arbeitstechnik*
  Die einzelnen Bildkarten können nach der Demonstration des jeweiligen Arbeitsvorgangs von den Schülern genau betrachtet und in der richtigen Reihenfolge sortiert werden.
  Die Bildkarten eignen sich ebenfalls hervorragend zur Sicherung des Gelernten an der Tafel. So können die Schüler sie in der Schülerpraxis immer wieder betrachten. Zusätzlich können auch die Wortkarten vergrößert und ebenfalls an die Tafel gehängt werden.

- *Auffrischen der Arbeitstechnik*
  Wurde eine Arbeitstechnik eingeschult und ist diese in den folgenden Unterrichtseinheiten bei den Schülern nicht mehr ganz präsent, so können zur Auffrischung die Gruppenkarte oder auch die Fotokarten herangezogen werden.

Veranschaulichung

Die Bildkarten „Sticken" zeigen jeden einzelnen Arbeitsschritt des Stichs. Die Schüler können anhand der Fotos die wesentlichen Arbeitsschritte ersehen und auf ihre Arbeit übertragen. Hierzu sind nur die wichtigsten Merkmale abgebildet, sodass die Schüler nicht verwirrt werden.

Differenzierung

Leistungsstarke Schüler können sich mit der Gruppenkarte neues Wissen aneignen oder bereits im Vorfeld neue Arbeitstechniken erlernen, die sie dann im Plenum der Gruppe vorstellen. Wichtig ist hier, vorab auf mögliche Unfallgefahren hinzuweisen.
Leistungsschwächere Schüler können mithilfe der Gruppenkarte die einzelnen Arbeitsschritte nochmals verinnerlichen und diese anschließend anwenden.

Aufbewahrung der Fotokarten

Um die Haltbarkeit der Bildkarten zu gewährleisten, wäre es sehr wichtig, dass die Karten laminiert werden. Sie sind von der Größe her so konzipiert, dass jeweils zwei Fotokarten in eine DIN-A4-Laminiertasche mit genügend Abstand passen, damit eine geschlossene Laminierfolienkante auf allen vier Seiten der Fotokarte nach dem Schneiden vorhanden ist. So kann keine Feuchtigkeit eindringen. Es empfiehlt sich, die Bildkartei „Sticken für Anfänger" in einer stabilen Box für DIN-A5-Karten aufzubewahren, damit keine Karten verloren gehen oder beschädigt werden.

Besitzen Sie weitere Bildkarteien, z. B. zu den Themen Stricken, Häkeln, Ton, Metall, Papier etc., so können Sie alle Fotokarten gemeinsam in einem Karteikasten aufbewahren.
Boxen für die Größe DIN A5 sind in verschiedenen Ausführungen erhältlich, z. B. aus Kunststoff oder Holz.
Je nach Ausführung sind die Kästen/Hüllen im Preis sehr unterschiedlich. Hier einige Beispiele:

Heftsammelbox aus
Kunststoff
Preis: ca. 2 €

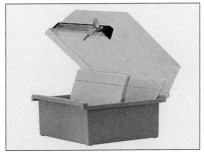

Hersteller HAN
Karteikasten aus Kunststoff
Preis: ca. 10 €

Hersteller HAN
Karteikasten aus Holz
Preis: ca. 40 €

Tipps zu Materialauswahl und Materialbeschaffung

Stickgrund

Je nach Werkstück/Vorhaben kann zwischen einem zählbaren Stoff (= Stickstoff) und einem nicht zählbaren Stoff (z. B. Baumwollstoff) ausgewählt werden. Je nach Alter/Jahrgangsstufe und Vorhaben/Leistung sollte bewusst ausgewählt werden. Je niedriger die Jahrgangsstufe, umso gröber sollte der Stoff sein. Innerhalb einer Jahrgangsstufe kann nochmals differenziert werden, z. B. erhalten leistungsstärkere Schüler einen feineren, leistungsschwächere Schüler einen gröberen Stoff.

Meist werden zählbare Stoffe (z. B. Schulaida, Schultuch) für Stickstiche gewählt. Diese Stoffe gibt es vorwiegend in den Farben Weiß oder Natur, z. T. sind sie auch in anderen Unifarben erhältlich.

Beim Handnähen werden vornehmlich Baumwoll- oder Leinenstoffe (unigefärbt oder bedruckt) verarbeitet.

Sticknadeln

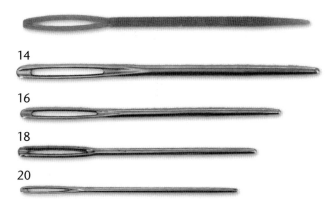

14
16
18
20

Die Technik „Sticken" wird mithilfe des Werkzeugs Sticknadel ausgeführt. Sticknadeln werden mit oder ohne Spitze und aus unterschiedlichen Materialien angeboten, z. B. aus Metall oder Kunststoff. Sticknadeln sind in verschieden Stärken erhältlich. Grundsätzlich gilt: Je kleiner die Zahl, desto größer die Nadel; je gröber der Stoff, desto größer die Nadel. Je nach Alter/Jahrgangsstufe und Vorhaben/Leistung sollte bewusst ausgewählt werden.

Zum Handnähen wählt man Nähnadeln. Hier gilt: Je größer die Zahl desto kleiner bzw. feiner ist die Nähnadel.

Beim Einführen der Technik „Handnähen" können leistungsschwächere Schüler auch Sticknadeln mit Spitze verwenden. Diese können von den Schülern leichter eingefädelt werden.

2 Medien

Wortkarten zu den Schritt-für-Schritt-Fotokarten

Hinweise für die Herstellung
- Kopiervorlage auf DIN A3 vergrößern, auf farbiges Tonpapier kopieren und laminieren

Tipp: Verwenden Sie die gleiche Farbe, in der auch die dazugehörenden Fotokarten umrandet sind.

Hinweise zum Einsatz
- Die Schüler können die Wortkarten den Fotos zuordnen.
- Sie können die Wortkarten bei der Tafelanschrift sowie in Gruppenarbeiten zur Sicherung einsetzen.

Tipp: Kopieren Sie die Wortkarten zum Einfädeln der Nadel auf gelbes Tonpapier.

| 1. Faden über die Nadel legen | 2. Faden einfädeln |

| 3. Faden durchziehen |

Tipp: Kopieren Sie die Wortkarten zum Vorstich auf rosa Tonpapier.

| Der Stich | Das Vernähen |

Tipp: Kopieren Sie die Wortkarten zum stehenden Stich auf dunkelgrünes Tonpapier.

| Der Stich | Das Vernähen |

Tipp: Kopieren Sie die Wortkarten zum Schlingstich auf hellgrünes Tonpapier.

| Der Stich | Das Vernähen |

Tipp: Kopieren Sie die Wortkarten zum gebundenen Steppstich auf braunes Tonpapier.

| Der Beginn | Der Stich | Das Vernähen |

Tipp: Kopieren Sie die Wortkarten zum Knoten auf braunes Tonpapier.

| 1. Faden zur Schlinge legen | 2. Faden verschlingen |

| 3. Knoten festziehen |

Tipp: Kopieren Sie die Wortkarten zum Handnähen auf braunes Tonpapier.

| 1. Legen | 2. Stecken | 3. Heften |

| 4. Nähen mit dem Steppstich |

Tipp: Kopieren Sie die Wortkarten zum Zickzack-Stich auf rotes Tonpapier.

| Der Beginn | Erster Teilstich | Zweiter Teilstich |

| Das Vernähen |

Tipp: Kopieren Sie die Wortkarten zum waagrechten Kreuzstich auf hellblaues Tonpapier.

| Der Beginn | Der Grundstich | Der Deckstich |

| Der Deckstich | Das Vernähen |

Tipp: Kopieren Sie die Wortkarten zum senkrechten Kreuzstich auf dunkelblaues Tonpapier.

| Der Grundstich | Der Deckstich | Das Vernähen |

Tipp: Kopieren Sie die Wortkarten zum Zickzack-Kreuzstich zweimal auf violettes Tonpapier.

| Der Grundstich (aufwärts) | Der Deckstich (aufwärts) |

| Der Grundstich (abwärts) | Der Deckstich (abwärts) |

3 Einführung in das Sticken

Den geeigneten Stickstoff auswählen (Gruppenarbeit)

Hinweise für die Herstellung
- Kopiervorlage kopieren und evtl. laminieren
- Stoffe (Baumwollstoff, Stickstoff grob, Stickstoff fein) mit Nummern versehen und bereitlegen

Hinweise zum Einsatz
- Einsatz bei der Erarbeitung (Materialerkundung)
- Als Gruppenarbeit einsetzbar

Der Stickstoff – ein besonderer Stoff

 Aufgaben:

1. Betrachte die Stoffe genau und beschreibe ihr Aussehen hinsichtlich
   - ihrer Farbe.
   - ihrer Oberflächenstruktur.

	Stoff 1	Stoff 2	Stoff 3
Farbe			
Oberflächenstruktur			

2. Versuche, in jeden Stoff einen dir bekannten Stich zu sticken. Notiere deine Erfahrung.

	Stoff 1	Stoff 2	Stoff 3
Erfahrung			

3. Wähle einen Stoff aus und begründe deine Entscheidung.

   Ich wähle Stoff Nr. _____, da _____
   _____.

Die geeignete Nadel zum Sticken auswählen (Gruppenarbeit)

Hinweise für die Herstellung
- Kopiervorlage kopieren und evtl. laminieren
- Eine Sticknadel und eine Nähnadel bereitlegen
- Wortkarten vergrößern, kopieren und laminieren

Hinweise zum Einsatz
- Einsatz bei der Erarbeitung (Werkzeugerkundung)
- Als Gruppenarbeit einsetzbar

Die Sticknadel – eine besondere Nadel

 Aufgaben:

1. Betrachte die beiden Nadeln genau und beschreibe den Unterschied.

   _____

   _____

2. Ordne die Wortkarten den Nadeln zu.

3. Versuche, mit jeder Nadel einen dir bekannten Stich zu sticken. Notiere deine Erfahrung.

   _____

   _____

4. Wähle eine der Nadeln aus und begründe deine Entscheidung.

   Ich wähle eine _____, da _____

   _____ .

| Sticknadel | Nähnadel | Nadelspitze spitz | Nadelspitze stumpf |

| Größeres Nadelöhr | Kleineres Nadelöhr |

Name:	Klasse:	Datum:	Fach:	Nr.:

Die Geschichte des Stickens

 Lies den Text.   Beantworte die Fragen.

Sticken – eine alte Technik

Sticken ist eine alte Technik, die von den Chinesen schon vor mehr als 3000 Jahren ausgeführt wurde. Auch im alten Indien und im alten Ägypten war die Stickerei weit verbreitet. Zunächst wurden Nähte mit einfachen funktionslosen Stichen geschmückt. Daraus entwickelten sich schließlich unzählig viele Arten von Zierstichen. Anfänglich wurden weitgehend geometrische Figuren gestickt, später finden sich auch gestickte Tier- und Menschengestalten.
Im Mittelalter schmückten Zierstiche prunkvolle geistliche Gewänder und Altardecken.
Viele Mädchen bestickten ihre Aussteuer mit ihren Initialen. In Deutschland gab es früher den Beruf des Stickers. Dessen Arbeit war es, Stoffe zu besticken. Vor der Erfindung der Stickmaschine war jedes Stück ein kostbares Einzelstück, an dem mehrere Tage oder Wochen gearbeitet wurde.
Heute sind die meisten Arbeiten Massenproduktionen. Klosterarbeiten und manche Trachtenarbeiten werden aber auch heute noch oft von Hand gestickt.

1. Welche Völker kannten als erste die Technik des Stickens?

_____
_____

2. Welche Figuren wurden anfänglich gestickt?

_____
_____

3. Was wurde im Mittelalter vor allem bestickt?

_____
_____

4. Welchen Beruf gab es früher und was war dessen Aufgabe?

_____
_____

5. Warum können heute Stickarbeiten in großen Mengen produziert werden?

_____
_____

Name:		Klasse:	Datum:	Fach:	Nr.:

Wortsalat „Sticken"

 Finde die Wörter, die zum Thema „Sticken" passen, und male sie an.

 Kontrolliere mithilfe der Lösung, ob du die richtigen Wörter gefunden hast.

S	T	I	C	K	S	T	O	F	F	A	E	Z	U	O	C
D	A	U	Z	R	S	D	R	I	Z	T	N	F	S	D	E
R	K	E	E	A	L	S	T	R	U	K	T	U	R	S	U
B	U	O	T	S	I	H	F	P	O	T	M	F	I	S	P
D	E	V	P	T	D	E	G	K	S	J	E	K	I	N	F
R	K	U	R	I	A	I	D	N	K	U	Z	M	G	H	A
P	O	H	S	C	L	O	R	O	V	E	C	D	V	Ü	C
E	H	I	H	K	F	E	Z	T	J	L	R	Z	O	F	A
B	T	S	N	N	P	M	Ü	E	U	D	E	N	R	T	G
E	G	N	E	A	G	Y	F	N	A	Z	U	H	S	G	R
K	Ü	I	B	D	B	E	C	S	N	I	S	S	T	H	L
A	N	S	T	E	P	P	S	T	I	C	H	Z	I	T	B
V	T	S	B	L	N	A	K	N	O	K	H	F	C	N	R
D	S	G	H	G	S	U	P	N	R	Z	S	J	H	D	B
T	E	I	E	K	L	L	U	T	M	A	O	R	Z	L	P
E	I	N	F	Ä	D	E	L	N	M	C	M	F	K	B	M
S	L	D	U	N	S	T	I	F	I	K	B	O	E	Z	I
D	A	O	N	S	K	R	E	U	Z	S	T	I	C	H	U
H	Z	P	N	H	R	L	D	A	Z	T	T	G	O	M	K
I	E	S	T	R	S	K	D	M	F	I	S	D	M	I	M
B	P	G	F	A	D	E	N	H	O	C	J	H	U	F	G
P	M	R	G	T	I	F	T	K	H	H	I	C	H	P	Ö
S	T	E	H	E	N	D	E	R	S	T	I	C	H	I	M

Lösung: Stickstoff, Struktur, Steppstich, Einfädeln, Kreuzstich, Faden, Stehender Stich, Sticknadel, Zickzackstich, Vorstich

4 Das Einfädeln der Nadel

Spiel „Die goldene Nadel"

Hinweise für die Herstellung
- Aufgabenkärtchen auf Tonpapier kopieren und laminieren; so können sie mehrere Male verwendet werden.
- Eine Box mit bunten Fäden, Wollfäden, Nähgarn und Baumwollgarn (rot, blau, gelb) bereitstellen
- Eine Schachtel mit verschiedenen Nadeln (Nähnadeln, Sticknadeln mit großem und kleinem Nadelöhr, Stecknadeln, Sicherheitsnadeln, Häkelnadeln, Stricknadeln) bereitstellen.
- Wortkarten und Buttons auf Tonpapier kopieren und laminieren

Hinweise zum Einsatz
- Einsatz als Sicherung, zur Differenzierung oder als Gesamtzusammenfassung nach der Bearbeitung einer Sequenz zum Einfädeln der Nadel

Spielanleitung
- Die Schüler bearbeiten nacheinander alle Aufgaben.
- Haben sie die Aufgaben richtig gelöst, erhalten sie den entsprechenden Button (goldene, silberne oder bronzene Nadel).

Tipp: Können die Schüler noch nicht lesen, kann das Spiel auch im Klassenverband gespielt werden. Die Schüler holen sich nacheinander die Fäden/Nadeln bei der Lehrkraft ab.

❶ Die große Nadel
- Nimm eine Nadel mit großem Nadelöhr.
- Fädle einen Faden deiner Wahl ein.

❷ Die mittlere Nadel
- Nimm eine Nadel mit mittelgroßem Nadelöhr.
- Fädle einen Faden deiner Wahl ein.

❸ Rot, Blau, Gelb
- Nimm einen roten, einen blauen und einen gelben Baumwollfaden.
- Nimm dir drei Sticknadeln.
- Fädle die drei Fäden ein.

❹ Die feine Nadel für feine Arbeiten
- Nimm eine Nadel mit kleinem Nadelöhr.
- Fädle einen Faden deiner Wahl ein.

❺ Der Nadel (Er-)Kenner!
- Suche folgende Nadeln heraus:
  Nähnadel, Sticknadel, Stecknadel, Häkelnadel, Stricknadel, Sicherheitsnadel
- Ordne die richtige Wortkarte zu.

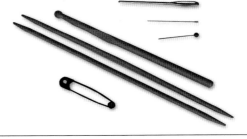

6 Der Einfädelkönig

- Nimm dir die Nadel mit dem kleinsten Nadelöhr.
- Fädle Nähseide ein.

| Nähnadel | Sticknadel | Stecknadel |

| Häkelnadel | Stricknadel | Sicherheitsnadel |

GOLDENE NADEL   SILBERNE NADEL   BRONZENE NADEL

Einfädel-Puzzle

Hinweise zur Herstellung:
- Puzzle auf Tonpapier kopieren und laminieren, Puzzleteile auseinanderschneiden und zur Aufbewahrung in ein Kuvert stecken, damit keine Teile verloren gehen

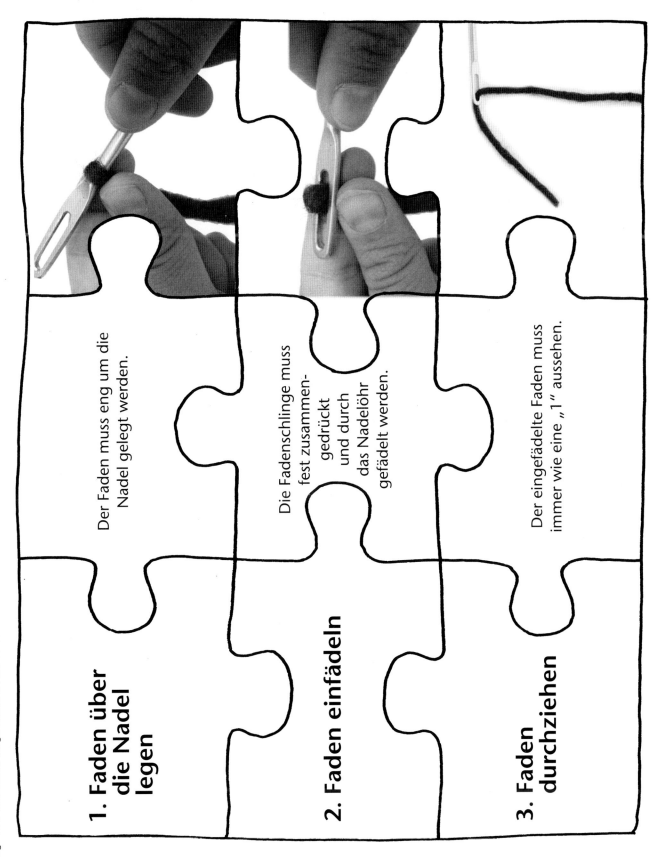

1. Faden über die Nadel legen — Der Faden muss eng um die Nadel gelegt werden.

2. Faden einfädeln — Die Fadenschlinge muss fest zusammengedrückt und durch das Nadelöhr gefädelt werden.

3. Faden durchziehen — Der eingefädelte Faden muss immer wie eine „1" aussehen.

5 Der Vorstich

Bewegungsspiel für Rechts- und Linkshänder

Als Vorübung für das Sticken des Vorstichs eignet sich ein Bewegungsspiel, das die Schüler das Sticken mit dem ganzen Körper erfahren lässt.

Die Schüler stellen sich dazu in einer Reihe auf. Ein Schüler geht an zwei Schülern vorbei, kreuzt die Reihe, geht wieder an zwei Schülern vorbei, kreuzt erneut usw.

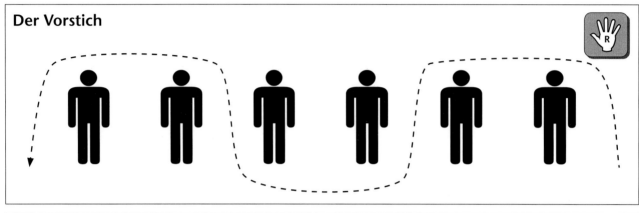

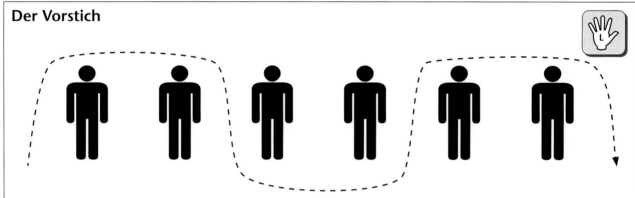

Der Vorstich für Rechts- und Linkshänder (Einzel- oder Partnerarbeit)

Hinweise für die Herstellung
- Kopiervorlage evtl. vergrößern, auf Tonpapier kopieren und laminieren oder zur Auswertung der Ergebnisse auf Folie kopieren

Hinweise zum Einsatz
- Einsatz bei der Erarbeitung und Sicherung oder zur Differenzierung
- Als Einzel- oder Partnerarbeit einsetzbar

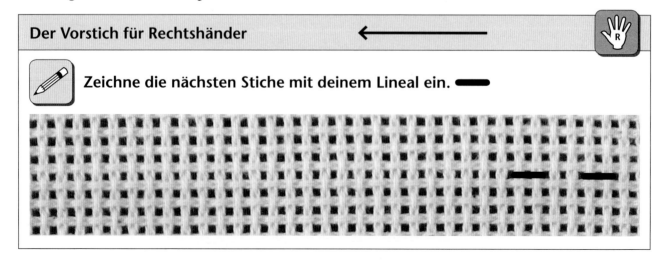

Der Vorstich für Rechtshänder ←

✏️ Ergänze die Ein- und Ausstichpunkte. ○ ○ ○ ○ ○ ○

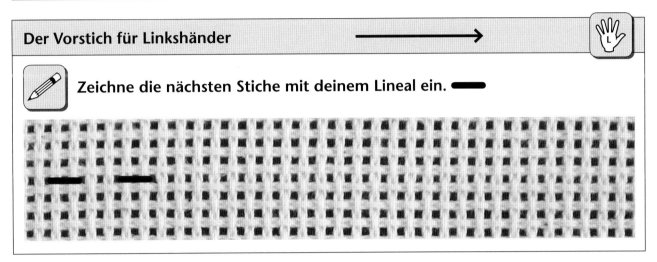

Der Vorstich für Linkshänder →

✏️ Zeichne die nächsten Stiche mit deinem Lineal ein. ▬

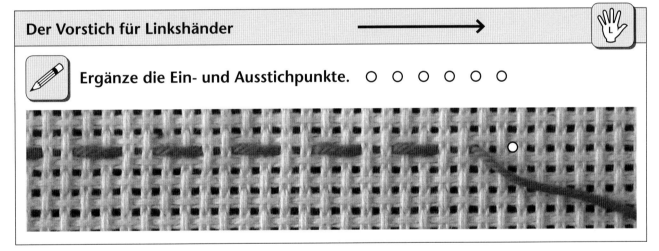

Der Vorstich für Linkshänder →

✏️ Ergänze die Ein- und Ausstichpunkte. ○ ○ ○ ○ ○ ○

6 Der stehende Stich

Bewegungsspiel für Rechts- und Linkshänder

Als Vorübung für das Sticken des stehenden Stichs eignet sich ein Bewegungsspiel, das die Schüler das Sticken mit dem ganzen Körper erfahren lässt.

Dazu stellen sich die Schüler in Viererreihen nebeneinander auf. Ein Schüler geht auf einer Seite an vier Schülern vorbei. Sobald er den letzten der vier Schüler passiert hat, dreht er um, geht auf der anderen Seite an den Schülern vorbei usw.

Der stehende Stich

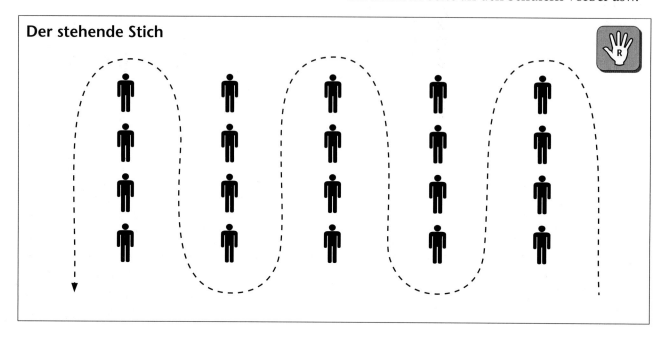

Der stehende Stich

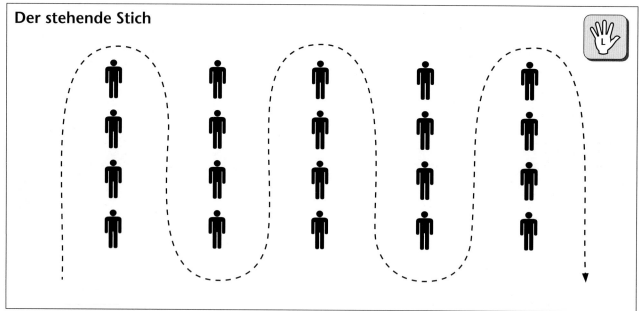

Karten zum leichteren Einüben des stehenden Stichs

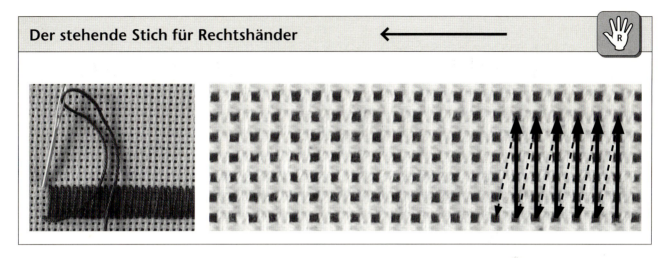

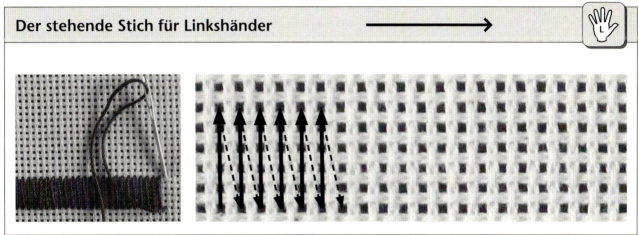

Der stehende Stich für Rechts- und Linkshänder (Einzel- oder Partnerarbeit)

Hinweise für die Herstellung
- Kopiervorlage evtl. vergrößern, auf Tonpapier kopieren und laminieren oder zur Auswertung der Ergebnisse auf Folie kopieren

Hinweise zum Einsatz
- Einsatz bei der Erarbeitung und Sicherung oder zur Differenzierung
- Als Einzel- oder Partnerarbeit einsetzbar

Der stehende Stich für Rechtshänder

Zeichne weitere stehende Stiche mit Farbstift und Lineal ein.

Der stehende Stich für Linkshänder

 Zeichne weitere stehende Stiche mit Farbstift und Lineal ein.

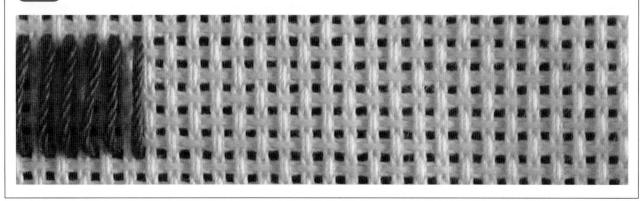

Der stehende Stich für Rechtshänder ←

 Zeichne den Einstichpunkt ein. ○

 Zeichne den Ausstichpunkt ein. ○

Der stehende Stich für Linkshänder →

 Zeichne den Einstichpunkt ein. ○

 Zeichne den Ausstichpunkt ein. ○

7 Der Schlingstich

Die Verwendung des Schlingstichs (Einzel- oder Partnerarbeit)

Hinweise für die Herstellung
- Wort- und Bildkarten evtl. vergrößern auf Tonpapier kopieren, laminieren und auseinanderschneiden

Hinweise zum Einsatz
- Einsatz bei der Erarbeitung und Sicherung oder zur Differenzierung
- Als Einzel- oder Partnerarbeit einsetzbar

Der Schlingstich wird zur **Kantenversäuberung** verwendet.

Der Schlingstich wird als **Zierstich** verwendet.

Der Schlingstich wird zum **Applizieren** von Stoff verwendet.

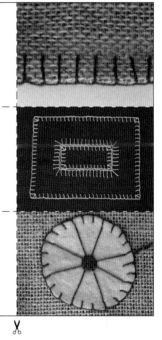

Der Schlingstich für Rechts- und Linkshänder (Einzel- oder Partnerarbeit)

Hinweise für die Herstellung
- Kopiervorlage evtl. vergrößern, auf Tonpapier kopieren und laminieren oder zur Auswertung der Ergebnisse auf Folie kopieren

Hinweise zum Einsatz
- Einsatz bei der Erarbeitung und Sicherung oder zur Differenzierung
- Als Einzel- oder Partnerarbeit einsetzbar

Der Schlingstich für Rechtshänder ⟶

Zeichne den Einstichpunkt ein. ○

Zeichne den Ausstichpunkt ein. ○

Der Schlingstich für Linkshänder ←

| Zeichne den Einstichpunkt ein. ○ | Zeichne den Ausstichpunkt ein. ○ |

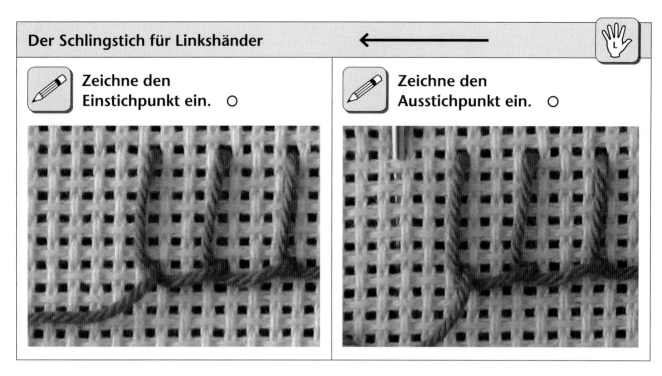

Fehlerverbesserung beim Schlingstich für Rechts- und Linkshänder (Einzel- oder Partnerarbeit)

Hinweise zur Herstellung
- Kopiervorlage vergrößern, auf Tonpapier kopieren und laminieren oder zur Auswertung der Ergebnisse auf Folie kopieren

Hinweise zum Einsatz
- Einsatz bei der Erarbeitung und Sicherung oder zur Differenzierung
- Als Einzel- oder Partnerarbeit einsetzbar

Fehlerverbesserung beim Schlingstich für Rechtshänder

| Fehler erkennen | Fehler korrigieren |

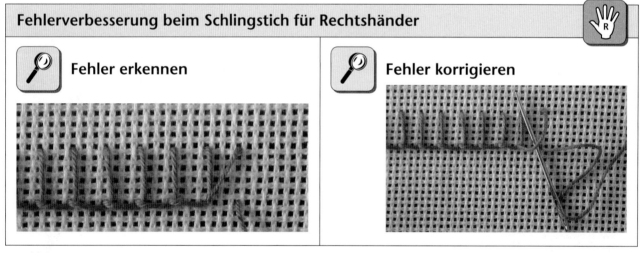

Fehlerverbesserung beim Schlingstich für Linkshänder

| Fehler erkennen | Fehler korrigieren |

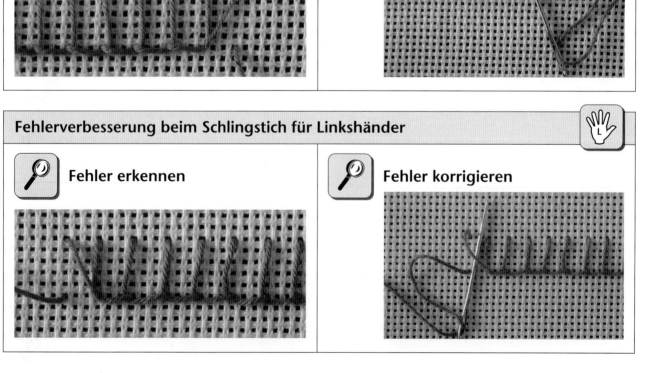

Name:	Klasse:	Datum:	Fach:	Nr.:

Wir sticken den Schlingstich

 Zähle die Fäden und vervollständige den Steckbrief.

Der Steckbrief

Höhe: _____

Abstand: _____

Arbeitsrichtung: _____

Nadelstellung: _____

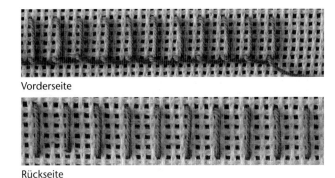

Vorderseite

Rückseite

 Ergänze die Arbeitsschritte.

3 Fäden nach rechts, 5 Fäden nach oben	auf der Rückseite
vernähe 10- bis 15-mal	die Schlinge unter	4–6 Fäden senkrecht auf

Arbeitsschritte

Der Stich

- Zähle _____
  _____, stich ein.
- Fasse _____, stich aus.
- Lege _____ die Nadel
  und ziehe den Faden an.

Das Vernähen

- Stich _____ aus
  und _____.
- Vernähe am Ende 1-mal rückwärts.
- Vernähe den Anfangsfaden ebenso.

Name:	Klasse:	Datum:	Fach:	Nr.:

Wir sticken den Schlingstich

 Zähle die Fäden und vervollständige den Steckbrief.

Der Steckbrief

Höhe: _____

Abstand: _____

Arbeitsrichtung: _____

Nadelstellung: _____

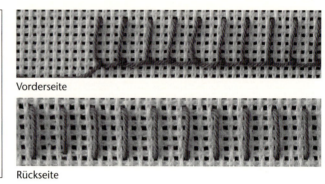

Vorderseite

Rückseite

 Ergänze die Arbeitsschritte.

| 3 Fäden nach links, 5 Fäden nach oben | auf der Rückseite |
| vernähe 10- bis 15-mal | die Schlinge unter | 4–6 Fäden senkrecht auf |

Arbeitsschritte

Der Stich

- Zähle _____, stich ein.
- Fasse _____, stich aus.
- Lege _____ die Nadel und ziehe den Faden an.

Das Vernähen

- Stich _____ aus und _____.
- Vernähe am Ende 1-mal rückwärts.
- Vernähe den Anfangsfaden ebenso.

8 Der gebundene Steppstich

Bewegungsspiel für Rechts- und Linkshänder

Das Bewegungsspiel kann zur Rhythmisierung von Übungsphasen und zur ganzheitlichen Verinnerlichung des Stichs eingesetzt werden. Die Schüler hüpfen den Steppstich nach.

Der Steppstich für Rechtshänder

Beginne mit dem Hüpfen beim Startpfeil.

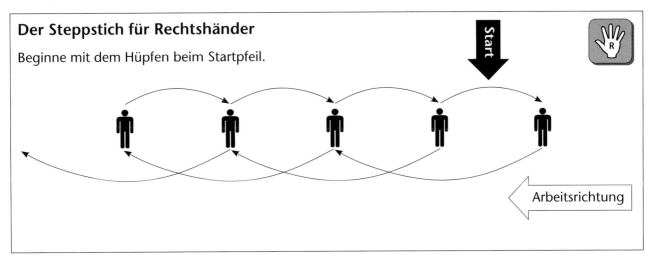

Der Steppstich für Linkshänder

Beginne mit dem Hüpfen beim Startpfeil.

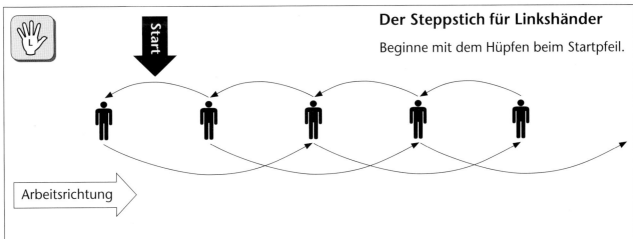

Der gebundene Steppstich für Rechts- und Linkshänder (Einzel- oder Partnerarbeit)

Hinweise für die Herstellung
- Kopiervorlage evtl. vergrößern, auf Tonpapier kopieren und laminieren oder zur Auswertung der Ergebnisse auf Folie kopieren

Hinweise zum Einsatz
- Einsatz bei der Erarbeitung und Sicherung oder zur Differenzierung
- Als Einzel- oder Partnerarbeit einsetzbar

Der gebundene Steppstich für Rechtshänder

Zeichne weitere Stiche mit deinem Lineal ein.
Der Punkt hilft dir beim Einzeichnen des ersten Stichs. O

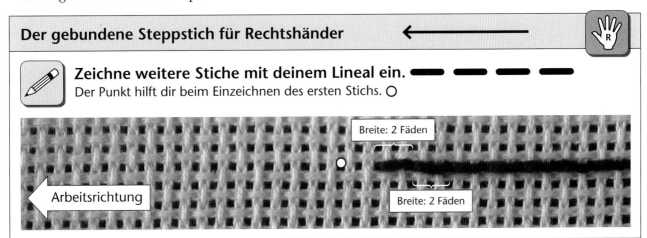

Der gebundene Steppstich für Linkshänder →

 Zeichne weitere Stiche mit deinem Lineal ein. ━ ━ ━ ━
Der Punkt hilft dir beim Einzeichnen des ersten Stichs. O

Breite: 2 Fäden

Breite: 2 Fäden

Arbeitsrichtung →

Der gebundene Steppstich für Rechtshänder ←

 Betrachte das Stichbild sehr genau.

← Arbeitsrichtung

Der Stich

 Markiere den Einstichpunkt mit roter Farbe.

 Markiere den Ausstichpunkt mit grüner Farbe.

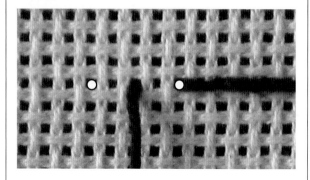

Der gebundene Steppstich für Linkshänder →

 Betrachte das Stichbild sehr genau.

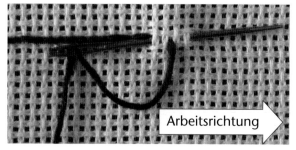

Arbeitsrichtung →

Der Stich

 Markiere den Einstichpunkt mit roter Farbe.

 Markiere den Ausstichpunkt mit grüner Farbe.

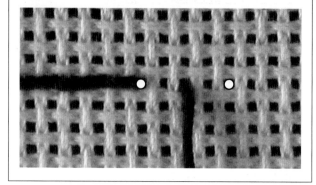

Name:	Klasse:	Datum:	Fach:	Nr.:

Wir sticken den gebundenen Steppstich

 Zähle die Fäden und vervollständige den Steckbrief.

Der Steckbrief

Breite: _____

Höhe: _____

Arbeitsrichtung: _____

Nadelstellung: _____

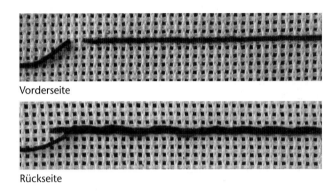

Vorderseite

Rückseite

 Ergänze die Arbeitsschritte .

| 4 Fäden waagrecht auf | 2 Fäden nach rechts (= zurück) |
| auf der Rückseite | rückwärts | vernähe 3- bis 5-mal |

Arbeitsschritte

Der Beginn

- Zähle _____
  _____, stich ein.

Der Stich

- Fasse _____
  _____, stich aus.

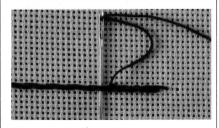

Das Vernähen

- Stich _____ aus
  und _____.
- Vernähe am Ende 1-mal _____.
- Vernähe den Anfangsfaden ebenso.

Name:	Klasse:	Datum:	Fach:	Nr.:

Wir sticken den gebundenen Steppstich

 Zähle die Fäden und vervollständige den Steckbrief.

Der Steckbrief

Breite: _____

Höhe: _____

Arbeitsrichtung: _____

Nadelstellung: _____

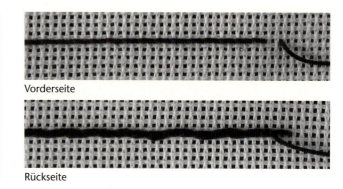

Vorderseite

Rückseite

 Ergänze die │ Arbeitsschritte │.

4 Fäden waagrecht auf	2 Fäden nach links (= zurück)

auf der Rückseite	rückwärts	vernähe 3- bis 5-mal

Arbeitsschritte

Der Beginn

- Zähle _____

  _____, stich ein.

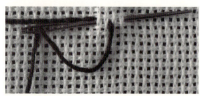

Der Stich

- Fasse _____

  _____, stich aus.

Das Vernähen

- Stich _____ aus

  und _____.

- Vernähe am Ende 1-mal _____.

- Vernähe den Anfangsfaden ebenso.

8 Der gebundene Steppstich

Differenzierungsspiel „Der Knoten"

Hinweise für die Herstellung
- Kärtchen auf Tonpapier kopieren und laminieren
- Box mit Kärtchen, Schere, Sanduhr und verschiedenfarbigen Wollknäueln, Nähgarn und Lineal bereitstellen

Hinweise zum Einsatz
- Einsatz zur Differenzierung

Spielanleitung
- Es spielen mindestens zwei Schüler.
- Die Schüler versuchen im Wettbewerb die Aufgaben so schnell wie möglich zu lösen.
- Wer am meisten Spiele gewonnen hat, ist Sieger.

Der dickste Knoten

Knote einen ganz dicken Knoten.

Die Knotenschnur

Knote möglichst viele Knoten in einen 20 cm langen Faden.
Beachte: Alle Knoten müssen exakt übereinander geknotet sein.

Der dünne Knoten

Knote mit einem Nähgarn einen Knoten.

Drei bunte Knoten

Nimm drei verschieden farbige Fäden. Knote in jeden Faden einen Knoten

---

Drei verschiedene Knotenstränge

Nimm drei verschieden farbige Fäden. Knote in einen Faden einen Knoten, in einen Faden zwei Knoten und in einen Faden drei Knoten.

Fadenanfang – Fadenende

Knote in einen Faden an den Fadenanfang und an das Fadenende einen Knoten

---

Verbinde zwei Fäden

Verknote zwei Fäden zu einem langen Faden.

Knoten-Puzzle

Hinweise zur Herstellung:
- Puzzle auf Tonpapier kopieren und laminieren, Puzzleteile auseinanderschneiden und zur Aufbewahrung in ein Kuvert stecken, damit keine Teile verloren gehen.

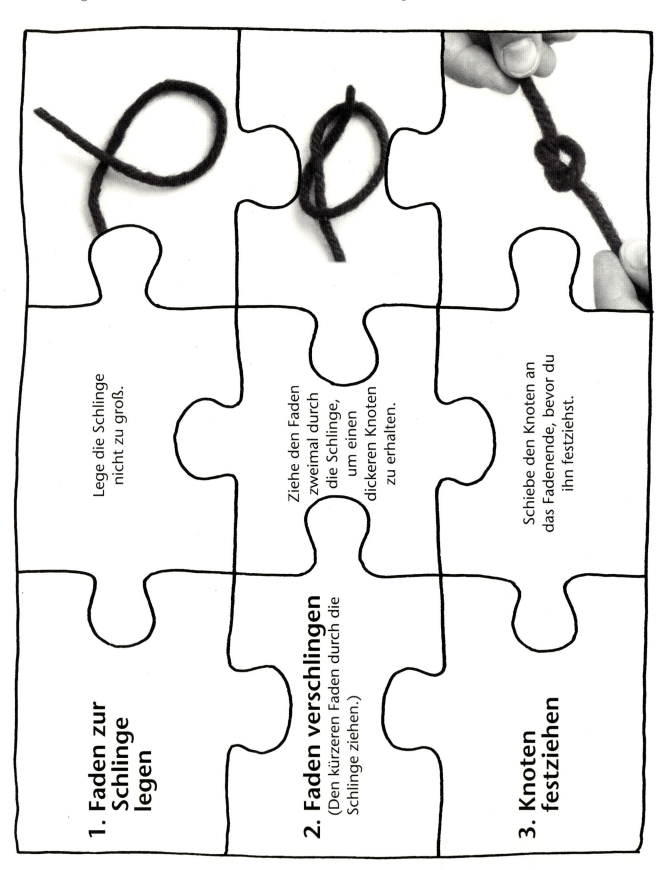

Name:	Klasse:	Datum:	Fach:	Nr.:

Wir bilden einen Knoten

 Ergänze die Arbeitsschritte.

| an beiden Fadenenden | Ende des Fadens | kürzere Fadenende |

Arbeitsschritte	
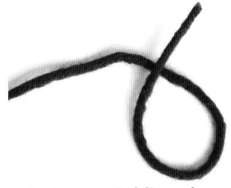 **1. Faden zur Schlinge legen**	• Lege das _____ zu einer mittelgroßen Schlinge.
 **2. Faden verschlingen**	• Schlinge das _____ durch die Schlinge. (Je öfter du das Fadenende verschlingst, desto dicker wird der Knoten.)
 **3. Knoten festziehen**	• Schiebe den Knoten an das Ende des Fadens. • Ziehe den Knoten _____ fest.

Name:	Klasse:	Datum:	Fach:	Nr.:

Wir nähen von Hand mit dem Steppstich

 Ergänze die Arbeitsschritte.

| Stecken | Nähen mit dem Steppstich | Legen | Heften |

Arbeitsschritte

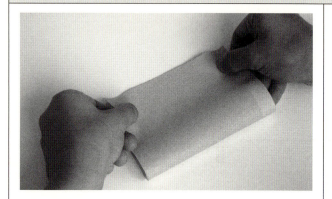

1. _____

- Lege die Stoffteile rechts auf rechts (Vorderseite auf Vorderseite).
- Lege die Stoffteile genau aufeinander (Kante auf Kante).

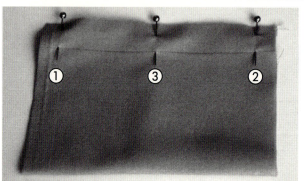

2. _____

- Beachte die Reihenfolge beim Stecken.
- Der Stecknadelkopf ist außen.

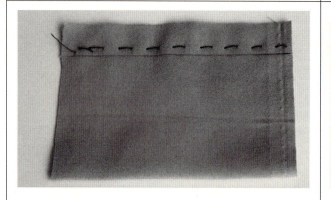

3. _____

- Hefte ca. 2 mm von der Nählinie entfernt.
- Heftstich = Vorstich

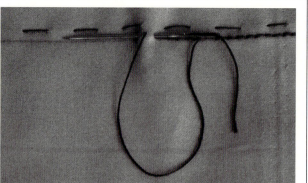

4. _____

- Fasse beide Stoffe beim Nähen auf.
- Nähe gleichmäßige 2–3 mm lange Stiche, sonst hält die Verbindung nicht.

10 Der Zickzack-Stich

Bewegungsspiel für Rechts- und Linkshänder

Das Bewegungsspiel kann zur Rhythmisierung von Übungsphasen und zur ganzheitlichen Verinnerlichung eines Stichs eingesetzt werden. Die Schüler hüpfen den Zickzack-Stich nach.

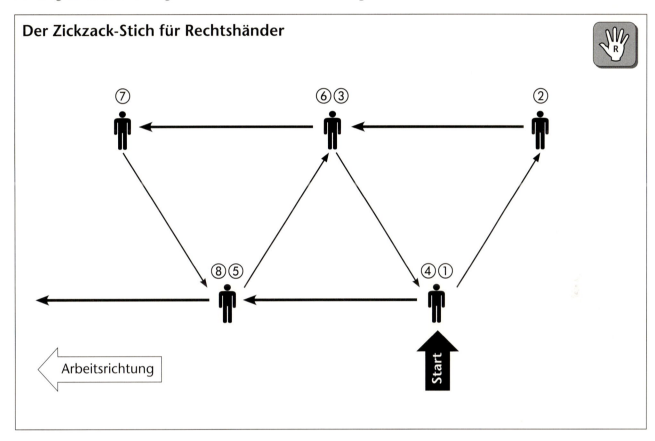

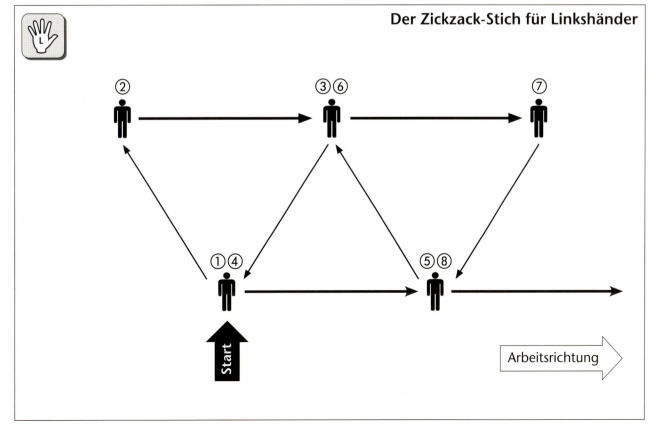

Geschichte zum leichteren Einüben des Zickzack-Stichs

Hinweise für die Herstellung
- Kopiervorlage evtl. vergrößern, auf Tonpapier kopieren und laminieren

Hinweise zum Einsatz
- Einsatz bei der Erarbeitung und Sicherung oder zur Differenzierung

Der Zickzack-Stich für Rechtshänder

Fadelino macht einen Ausflug in den Zoo. Er startet am Affenhaus. Er …

→ geht nach **rechts** an **3** Schimpansen vorbei.
↑ geht nach **oben** an **3** Berggorillas vorbei.

⤴ geht in ein Unterwasseraquarium **hinunter**, bewundert **6** Seesterne und geht die Treppe wieder **hoch**.

→ geht wieder nach **rechts** an **3** Ziegen vorbei.
↑ geht nach **oben** an **3** Berggemsen vorbei.

⤴ steigt in den Maulwurfstunnel **hinab** und beobachtet **6** Maulwürfe, klettert wieder **hinauf**.

Der Zickzack-Stich für Linkshänder

Fadelino macht einen Ausflug in den Zoo. Er startet am Affenhaus. Er …

← geht nach **links** an **3** Schimpansen vorbei.
↑ geht nach **oben** an **3** Berggorillas vorbei.

⤴ geht in ein Unterwasseraquarium **hinunter**, bewundert **6** Seesterne und geht die Treppe wieder **hoch**.

← geht wieder nach **links** an **3** Ziegen vorbei.
↑ geht nach **oben** an **3** Berggemsen vorbei.

⤴ steigt in den Maulwurfstunnel **hinab** und beobachtet **6** Maulwürfe, klettert wieder **hinauf**.

Der Zickzack-Stich für Rechts- und Linkshänder (Einzel- oder Partnerarbeit)

Hinweise für die Herstellung
- Kopiervorlage evtl. vergrößern, kopieren und laminieren oder zur Auswertung der Ergebnisse auf Folie kopieren

Hinweise zum Einsatz
- Einsatz zur Erarbeitung und Sicherung oder zur Differenzierung
- Als Einzel- oder Partnerarbeit einsetzbar

Der Zickzack-Stich für Rechtshänder

Zeichne weitere Stiche mit deinem Lineal ein.
Der Punkt hilft dir beim Einzeichnen des ersten Stichs. ○

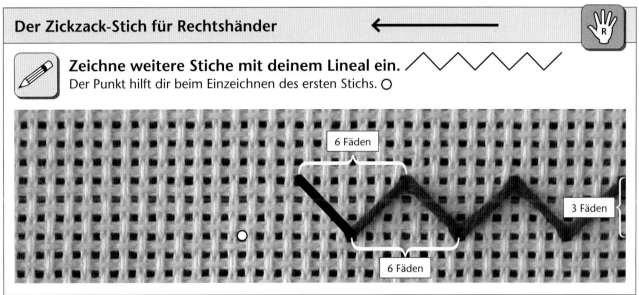

Der Zickzack-Stich für Rechtshänder

Betrachte die Stichbilder sehr genau.

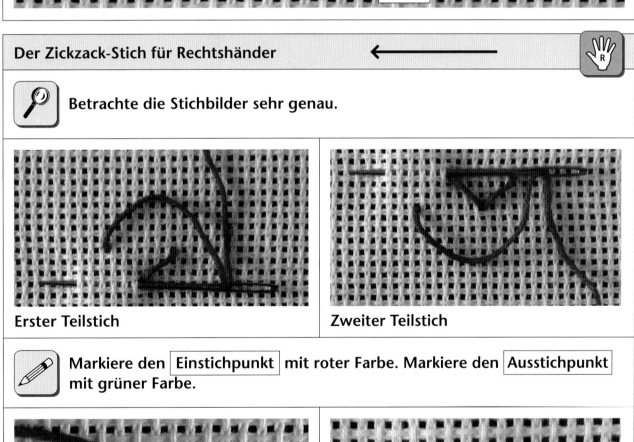

Erster Teilstich | Zweiter Teilstich

Markiere den Einstichpunkt mit roter Farbe. Markiere den Ausstichpunkt mit grüner Farbe.

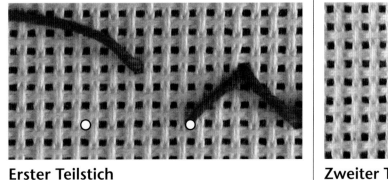
Erster Teilstich

Zweiter Teilstich

Der Zickzack-Stich für Linkshänder →

 Zeichne weitere Stiche mit deinem Lineal ein.
Der Punkt hilft dir beim Einzeichnen des ersten Stichs. ○

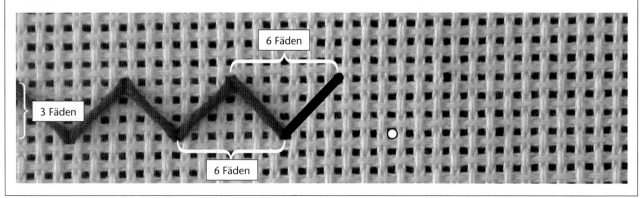

Der Zickzack-Stich für Linkshänder →

 Betrachte die Stichbilder sehr genau.

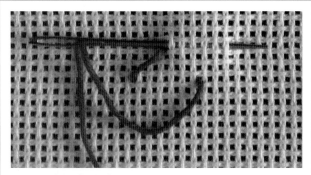

Erster Teilstich

Zweiter Teilstich

 Markiere den Einstichpunkt mit roter Farbe. Markiere den Ausstichpunkt mit grüner Farbe.

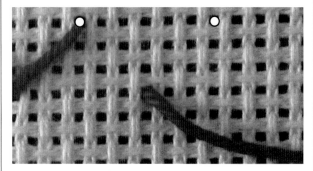

Erster Teilstich

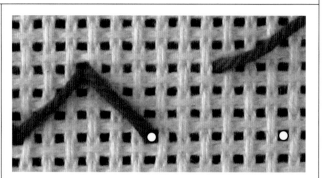

Zweiter Teilstich

Name:	Klasse:	Datum:	Fach:	Nr.:

Wir sticken den Zickzack-Stich

 Zähle die Fäden und vervollständige den Steckbrief.

Der Steckbrief
Breite: _____
Höhe: _____
Arbeitsrichtung: _____
Nadelstellung: _____

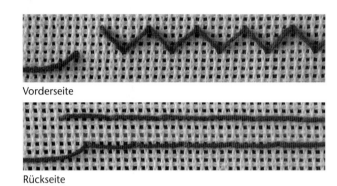

Vorderseite

Rückseite

 Ergänze die Arbeitsschritte.

| 3 Fäden nach rechts, 3 Fäden nach unten | auf der Rückseite | 6 Fäden auf |
| 6 Fäden auf | vernähe 6- bis 10-mal | 3 Fäden nach rechts, 3 Fäden nach oben |

Arbeitsschritte	
Der Beginn	• Zähle _____, stich ein. • Fasse _____, stich aus.
Erster Teilstich	• Zähle _____, stich ein. • Fasse _____, stich aus.
Zweiter Teilstich	• Zähle _____, stich ein. • Fasse _____, stich aus.
Das Vernähen	• Stich _____ aus und _____. • Vernähe am Ende 1-mal rückwärts. • Vernähe den Anfangsfaden ebenso.

Name:	Klasse:	Datum:	Fach:	Nr.:

Wir sticken den Zickzack-Stich

 Zähle die Fäden und vervollständige den Steckbrief.

Der Steckbrief

Breite: _____

Höhe: _____

Arbeitsrichtung: _____

Nadelstellung: _____

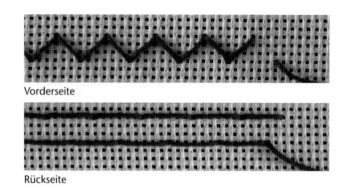

Vorderseite

Rückseite

 Ergänze die Arbeitsschritte.

| 3 Fäden nach links, 3 Fäden nach unten | auf der Rückseite | 6 Fäden auf |
| 6 Fäden auf | vernähe 6- bis 10-mal | 3 Fäden nach links, 3 Fäden nach oben |

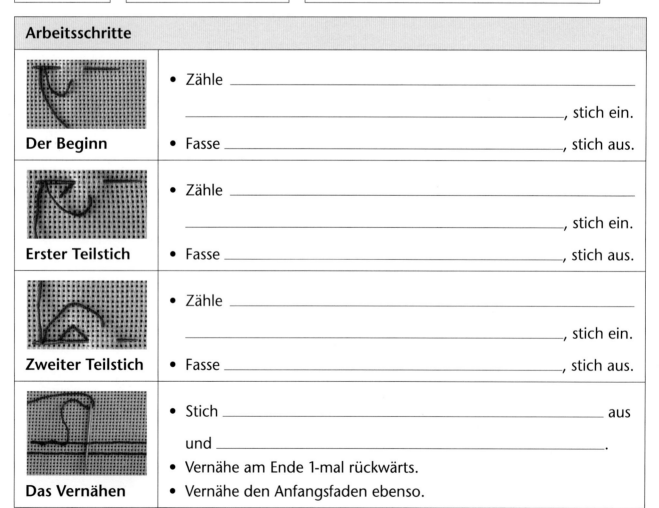

Arbeitsschritte	
Der Beginn	• Zähle _____, stich ein. • Fasse _____, stich aus.
Erster Teilstich	• Zähle _____, stich ein. • Fasse _____, stich aus.
Zweiter Teilstich	• Zähle _____, stich ein. • Fasse _____, stich aus.
Das Vernähen	• Stich _____ aus und _____. • Vernähe am Ende 1-mal rückwärts. • Vernähe den Anfangsfaden ebenso.

11 Der waagrechte Kreuzstich

Bewegungsspiel für Rechts- und Linkshänder

Das Bewegungsspiel kann zur Rhythmisierung von Übungsphasen und zur ganzheitlichen Verinnerlichung eines Stichs eingesetzt werden. Die Schüler hüpfen den Kreuzstich nach.

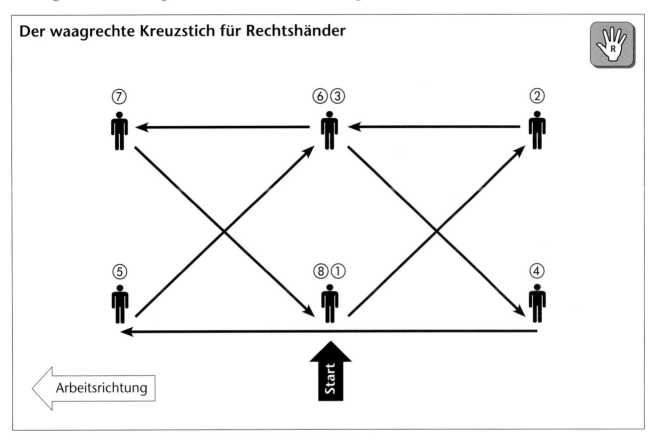

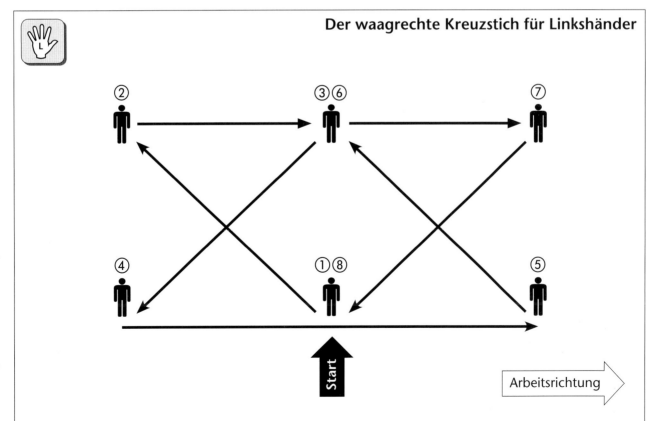

Geschichte zum leichteren Einüben des waagrechten Kreuzstichs

Hinweise für die Herstellung
- Kopiervorlage evtl. vergrößern, auf Tonpapier kopieren und laminieren

Hinweise zum Einsatz
- Einsatz bei der Erarbeitung und Sicherung oder zur Differenzierung

Der waagrechte Kreuzstich für Rechtshänder

Fadelino geht zu einer Geburtstagsparty. Er …

- → geht **2** Straßen nach **rechts**.
- ↑ geht **2** Straßen nach **oben**.

- ↰ fährt **2** Stationen mit der **U-Bahn**.

- → geht **2** Straßen nach **rechts**.
- ↓ geht **2** Straßen nach **unten**.

- ↰ fährt **4** Stationen mit der **U-Bahn**.

Der waagrechte Kreuzstich für Linkshänder

Fadelino geht zu einer Geburtstagsparty. Er …

- ← geht **2** Straßen nach **links**.
- ↑ geht **2** Straßen nach **oben**.

- ↱ fährt **2** Stationen mit der **U-Bahn**.

- ← geht **2** Straßen nach **links**.
- ↓ geht **2** Straßen nach **unten**.

- ↱ fährt **4** Stationen mit der **U-Bahn**.

Der waagrechte Kreuzstich für Rechts- und Linkshänder (Einzel- oder Partnerarbeit)

Hinweise für die Herstellung
- Kopiervorlage evtl. vergrößern, kopieren und laminieren oder zur Auswertung der Ergebnisse auf Folie kopieren

Hinweise zum Einsatz
- Einsatz zur Erarbeitung und Sicherung oder zur Differenzierung
- Als Einzel- oder Partnerarbeit einsetzbar

Der waagrechte Kreuzstich für Rechtshänder

Zeichne weitere Kreuze mit deinem Lineal ein.
Der Punkt hilft dir beim Einzeichnen des zweiten Stichs. O

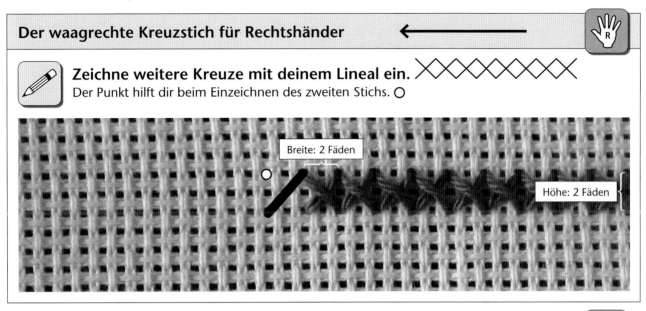

Breite: 2 Fäden
Höhe: 2 Fäden

Der waagrechte Kreuzstich für Rechtshänder

Betrachte die Stichbilder sehr genau.

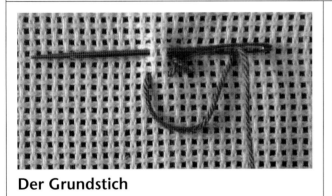

Der Grundstich

Der Deckstich

Markiere den **Einstichpunkt** mit roter Farbe.
Markiere den **Ausstichpunkt** mit grüner Farbe.

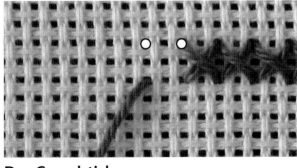

Der Grundstich

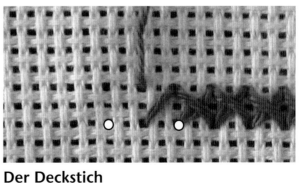

Der Deckstich

Der waagrechte Kreuzstich für Linkshänder →

 Zeichne weitere Kreuze mit deinem Lineal ein.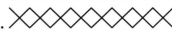
Der Punkt hilft dir beim Einzeichnen des zweiten Stichs. O

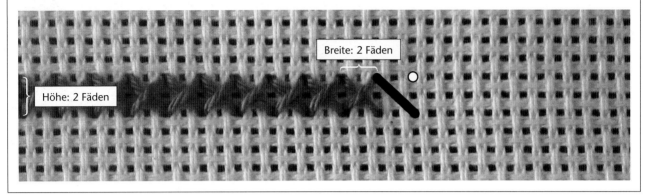

Höhe: 2 Fäden Breite: 2 Fäden

Der waagrechte Kreuzstich für Linkshänder →

 Betrachte die Stichbilder sehr genau.

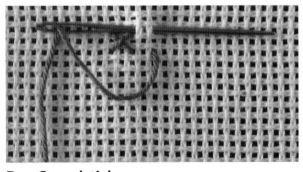

Der Grundstich

Der Deckstich

 Markiere den Einstichpunkt mit roter Farbe.
Markiere den Ausstichpunkt mit grüner Farbe.

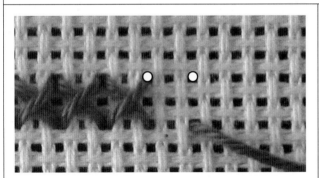

Der Grundstich

Der Deckstich

Kreuzstich-Puzzle

Hinweise zur Herstellung:
- Puzzle auf Tonpapier kopieren und laminieren, Puzzleteile auseinanderschneiden und zur Aufbewahrung in ein Kuvert stecken, damit keine Teile verloren gehen.

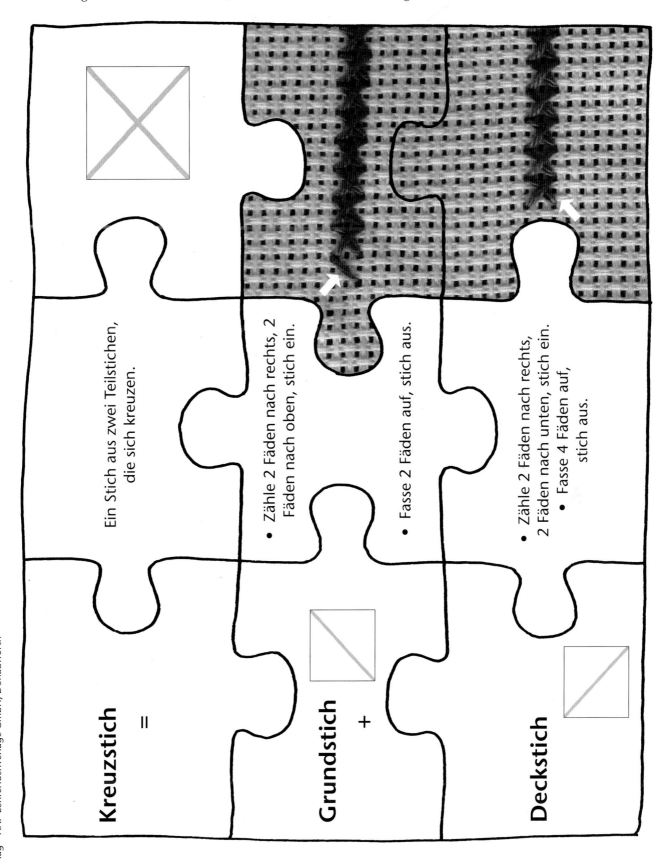

Das Kreuz des Kreuzstichs erfassen

Haben die Schüler Probleme mit dem Zählen bzw. mit dem Ein- oder Ausstichpunkt, kann der Kreuzstich auch mithilfe von Fadenmännchen veranschaulicht werden.

Der waagrechte Kreuzstich

 Zeichne im Fadenmännchen die Kreuze mit deinem Lineal ein.

Der senkrechte Kreuzstich

 Zeichne im Fadenmännchen die Kreuze mit deinem Lineal ein.

Der Zickzack-Kreuzstich

 Übertrage das Muster auf die Fadenmännchen.

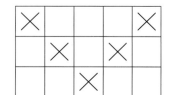 

Name:	Klasse:	Datum:	Fach:	Nr.:

Wir sticken den waagrechten Kreuzstich

 Zähle die Fäden und vervollständige den Steckbrief.

Der Steckbrief

Breite: _____

Höhe: _____

Arbeitsrichtung: _____

Nadelstellung: _____

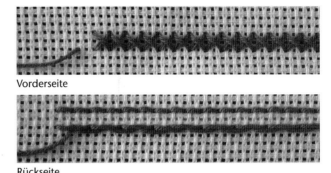

Vorderseite

Rückseite

 Ergänze die Arbeitsschritte.

| 2 Fäden nach rechts, 2 Fäden nach oben | auf der Rückseite | 4 Fäden auf |

| 2 Fäden auf | vernähe 3- bis 5-mal | 2 Fäden nach rechts, 2 Fäden nach unten |

Arbeitsschritte

Der Grundstich
- Zähle _____, stich ein.
- Fasse _____, stich aus.

Der Deckstich
- Zähle _____, stich ein.
- Fasse _____, stich aus.

Das Vernähen
- Stich _____ aus und _____.
- Vernähe am Ende 1-mal rückwärts.
- Vernähe den Anfangsfaden ebenso.

Name:	Klasse:	Datum:	Fach:	Nr.:

Wir sticken den waagrechten Kreuzstich

 Zähle die Fäden und vervollständige den Steckbrief.

Der Steckbrief

Breite: _____

Höhe: _____

Arbeitsrichtung: _____

Nadelstellung: _____

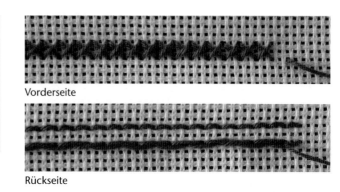

Vorderseite

Rückseite

 Ergänze die Arbeitsschritte.

| 2 Fäden nach links, 2 Fäden nach oben | auf der Rückseite | 4 Fäden auf |

| 2 Fäden auf | vernähe 3- bis 5-mal | 2 Fäden nach links, 2 Fäden nach unten |

Arbeitsschritte

Der Grundstich
- Zähle _____, stich ein.
- Fasse _____, stich aus.

Der Deckstich
- Zähle _____, stich ein.
- Fasse _____, stich aus.

Das Vernähen
- Stich _____ aus und _____.
- Vernähe am Ende 1-mal rückwärts.
- Vernähe den Anfangsfaden ebenso.

12 Der senkrechte Kreuzstich (= Sparstich)

Bewegungsspiel für Rechts- und Linkshänder

Das Bewegungsspiel kann zur Rhythmisierung von Übungsphasen und zur ganzheitlichen Verinnerlichung eines Stichs eingesetzt werden. Die Schüler hüpfen den Kreuzstich nach.

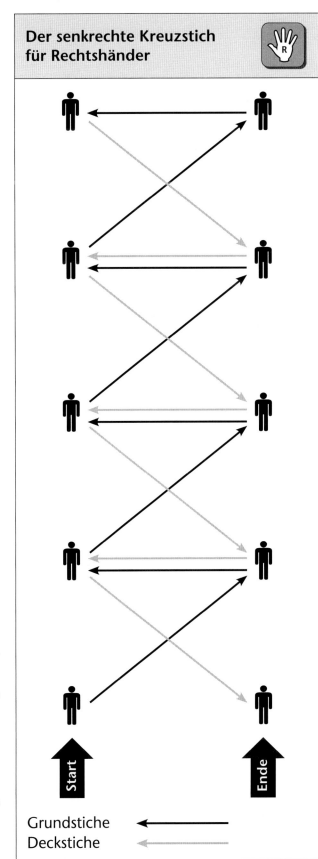

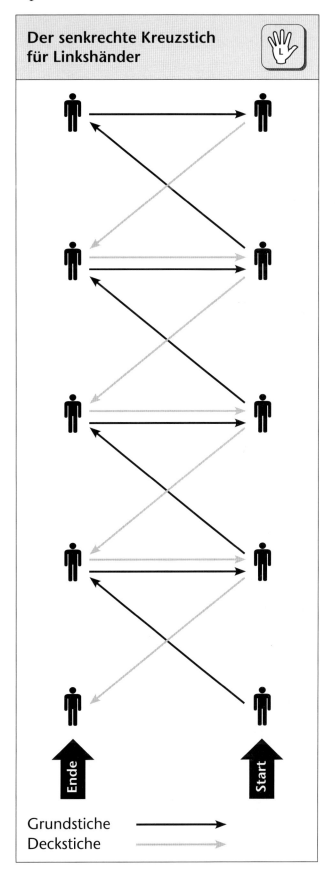

Der senkrechte Kreuzstich für Rechts- und Linkshänder (Einzel- oder Partnerarbeit)

Hinweise für die Herstellung
- Kopiervorlage evtl. vergrößern, kopieren und laminieren oder zur Auswertung der Ergebnisse auf Folie kopieren

Hinweise zum Einsatz
- Einsatz zur Erarbeitung und Sicherung oder zur Differenzierung
- Als Einzel- oder Partnerarbeit einsetzbar

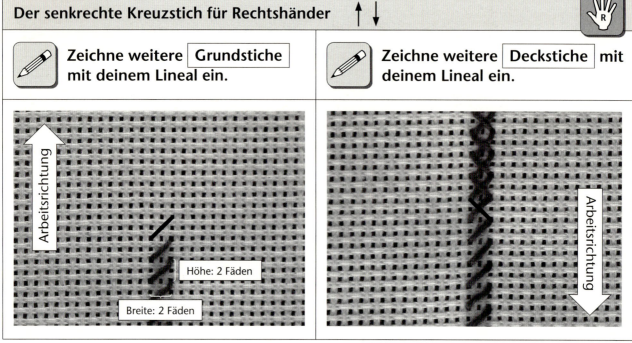

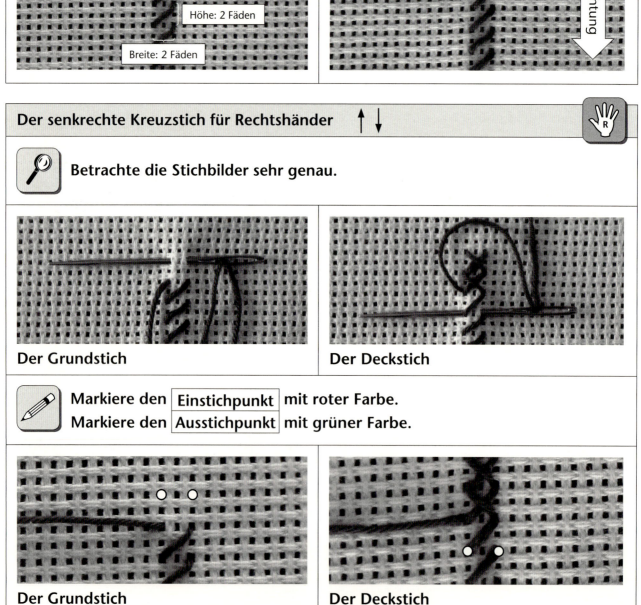

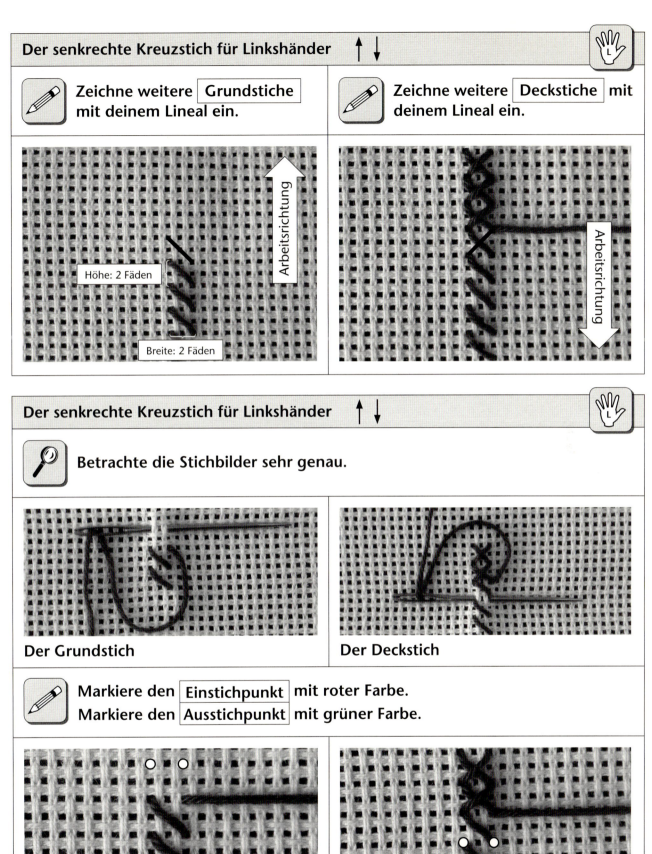

Name:	Klasse:	Datum:	Fach:	Nr.:

Wir sticken den senkrechten Kreuzstich (= Sparstich)

 Zähle die Fäden und vervollständige den Steckbrief.

Der Steckbrief

Breite: _____

Höhe: _____

Arbeitsrichtung: _____

Nadelstellung: _____

Vorderseite   Rückseite

 Ergänze die Arbeitsschritte.

| 2 Fäden nach rechts, 2 Fäden nach oben | auf der Rückseite | 2 Fäden auf |

| 2 Fäden auf | rückwärts | 2 Fäden nach rechts, 2 Fäden nach unten |

Arbeitsschritte

Der Grundstich
- Zähle _____, stich ein.
- Fasse _____, stich aus.

Der Deckstich
- Zähle _____, stich ein.
- Fasse _____, stich aus.

Das Vernähen
- Stich _____ aus und vernähe 5- bis 8-mal.
- Vernähe am Ende 1-mal _____.
- Vernähe den Anfangs- und Schlussfaden in einem Arbeitsgang.

| Name: | Klasse: | Datum: | Fach: | Nr.: |

Wir sticken den senkrechten Kreuzstich (= Sparstich)

 Zähle die Fäden und vervollständige den Steckbrief.

Der Steckbrief
Breite: _____
Höhe: _____
Arbeitsrichtung: _____
Nadelstellung: _____

 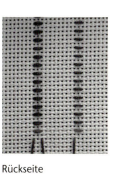

Vorderseite   Rückseite

 Ergänze die Arbeitsschritte.

| 2 Fäden nach links, 2 Fäden nach oben | auf der Rückseite | 2 Fäden auf |
| 2 Fäden auf | rückwärts | 2 Fäden nach links, 2 Fäden nach unten |

Arbeitsschritte

Der Grundstich

- Zähle _____, stich ein.
- Fasse _____, stich aus.

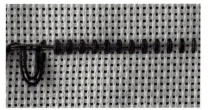

Der Deckstich

- Zähle _____, stich ein.
- Fasse _____, stich aus.

Das Vernähen

- Stich _____ aus und vernähe 5- bis 8-mal.
- Vernähe am Ende 1-mal _____.
- Vernähe den Anfangs- und Schlussfaden in einem Arbeitsgang.

Name:	Klasse:	Datum:	Fach:	Nr.:

Wir sticken den Zickzack-Kreuzstich

 Ergänze die Arbeitsschritte.

2 Fäden nach rechts, 2 Fäden nach unten	nach links
2 Fäden nach rechts, 2 Fäden nach oben	nach oben
2 Fäden nach rechts, 2 Fäden nach oben	nach links
2 Fäden nach rechts, 2 Fäden nach unten	nach unten

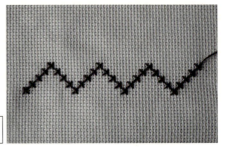

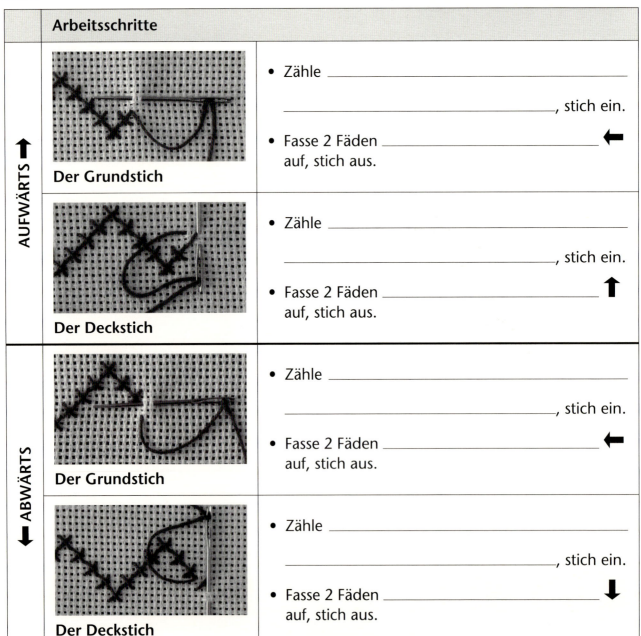

	Arbeitsschritte	
AUFWÄRTS ↑	Der Grundstich	• Zähle _____, stich ein. • Fasse 2 Fäden _____ ← auf, stich aus.
	Der Deckstich	• Zähle _____, stich ein. • Fasse 2 Fäden _____ ↑ auf, stich aus.
ABWÄRTS ↓	Der Grundstich	• Zähle _____, stich ein. • Fasse 2 Fäden _____ ← auf, stich aus.
	Der Deckstich	• Zähle _____, stich ein. • Fasse 2 Fäden _____ ↓ auf, stich aus.

Name:	Klasse:	Datum:	Fach:	Nr.:

Wir sticken den Zickzack-Kreuzstich

 Ergänze die Arbeitsschritte.

2 Fäden nach links, 2 Fäden nach unten	nach rechts
2 Fäden nach links, 2 Fäden nach oben	nach oben
2 Fäden nach links, 2 Fäden nach oben	nach rechts
2 Fäden nach links, 2 Fäden nach unten	nach unten

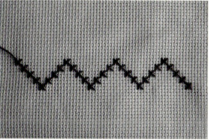

	Arbeitsschritte	
AUFWÄRTS ↑	Der Grundstich	• Zähle _____ _____, stich ein. • Fasse 2 Fäden _____ ➡ auf, stich aus.
	Der Deckstich	• Zähle _____ _____, stich ein. • Fasse 2 Fäden _____ ⬆ auf, stich aus.
↓ ABWÄRTS	Der Grundstich	• Zähle _____ _____, stich ein. • Fasse 2 Fäden _____ ➡ auf, stich aus.
	Der Deckstich	• Zähle _____ _____, stich ein. • Fasse 2 Fäden _____ ⬇ auf, stich aus.

Auer empfiehlt

Die optimale Ergänzung zu diesem Buch:

224 S., 16,5x23,5 cm
▸ Best-Nr. **04264**

Iris Kolhoff-Kahl

Textildidaktik
Eine Einführung

Dieser Band beleuchtet neben fachdidaktischen Grundlagen auch aktuelle didaktische Tendenzen und methodische Konzepte aus der Textil- und Kunstpädagogik.

Der Überblick über kulturwissenschaftliche, ästhetische, biografische oder kreative Aspekte verdeutlicht die Schnittstellen zwischen Kind, Kunst und Kultur und eröffnet unterschiedliche Zugangsweisen zur Welt der Textilien.

Die Autorin stellt dabei neben der „Sache" (Textilien) die „Subjekte" (Schüler) in den Mittelpunkt der Betrachtung: Sie greift gezielt Textilien der kindlichen Erfahrungswelten auf und veranschaulicht, wie Sie Ihren Schülern neue Wege zeigen, sich mit der textilen Umgebung auseinanderzusetzen und neue Wahrnehmungs- und Ausdrucksmöglichkeiten zu entdecken.

▸ Eine Fundgrube für die Hochschul- und Seminarausbildung und Ihren Unterricht!

WEBSERVICE www.auer-verlag.de/go/4264

▸ Diesen Service bieten wir Ihnen zu beworbenem Titel bei uns im Internet:

 Blättern im Buch
 Download
 Hörprobe
 Leseprobe

Bestellschein (bitte kopieren und faxen/senden)

Ja, bitte senden Sie mir gegen Rechnung:

Anzahl	Best.-Nr.	Kurztitel
	04264	Textildidaktik

☐ Ja, ich möchte per E-Mail über Neuerscheinungen und wichtige Termine informiert werden.

E-Mail

*Der E-Mail-Newsletter ist kostenlos und kann jederzeit abbestellt werden. Ihre Daten werden im Rahmen der gesetzlichen Vorschriften geschützt.
Nähere Informationen zum Datenschutz finden Sie unter: www.auer-verlag.de/go/daten

Auer Verlag
Postfach 1152
86601 Donauwörth

Fax: 09 06 / 73-178
oder einfach anrufen:
Tel.: 09 06 / 73-240
(Mo-Do 8:00-16:00 & Fr 8:00-13:00)
E-Mail: info@auer-verlag.de

Aktionsnummer: 9066

Absender:

Vorname, Nachname

Straße, Hausnummer

PLZ, Ort

Datum, Unterschrift